Mein 1. Schultag

Datum:

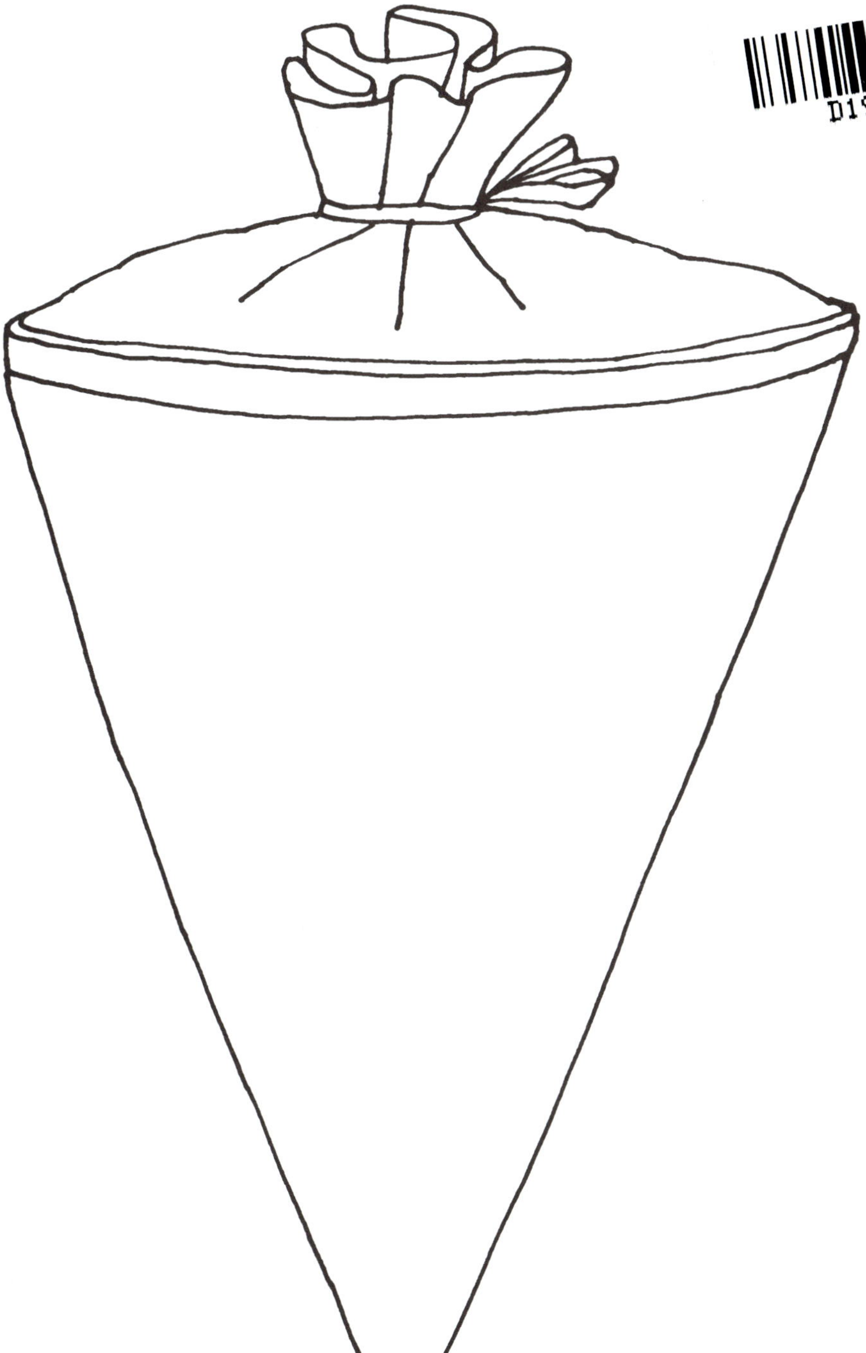

Unterschriften sammeln (alle, die bei der Einschulung dabei waren).
Datum der Einschulung eintragen. Wetter ankreuzen, Souvenirs aus der Schultüte einkleben oder Inhalt aufmalen.

Einkreisen, was im Bild zu sehen ist.

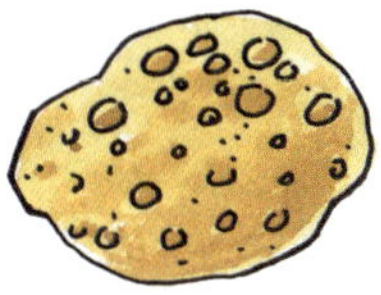

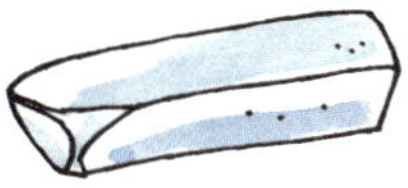

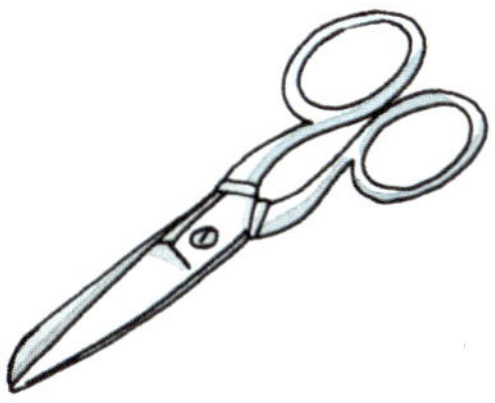

Silbenbogen eintragen.

Seite zum Sammeln: Schulstempel. Unterschrift der Lehrerin, Schulleiterin, Sekretärin … Klassenbezeichnung (1a) oder Klassennamen (z. B. Mäuseklasse) eintragen. Foto oder Selbstporträt in die Mitte kleben oder malen.

l F A a i l f L

Oben: Den eigenen Namen in verschiedenen Farben schreiben.
Mitte: Bekannte Buchstaben schreiben.
Unten: Bekannte Wörter schreiben.

Anleitung für eine Namensseite, vgl. Konfetti-Material für Lehrerinnen und Lehrer, S. 32.

Anlass für ein Gespräch über die Funktion der Anlauttabelle:
Wozu kann man die Tabelle gebrauchen?

Male die Bilder aus!

Bilder von unten im Wimmelbild suchen. Einzelbilder so anmalen wie im Bild oben angegeben.

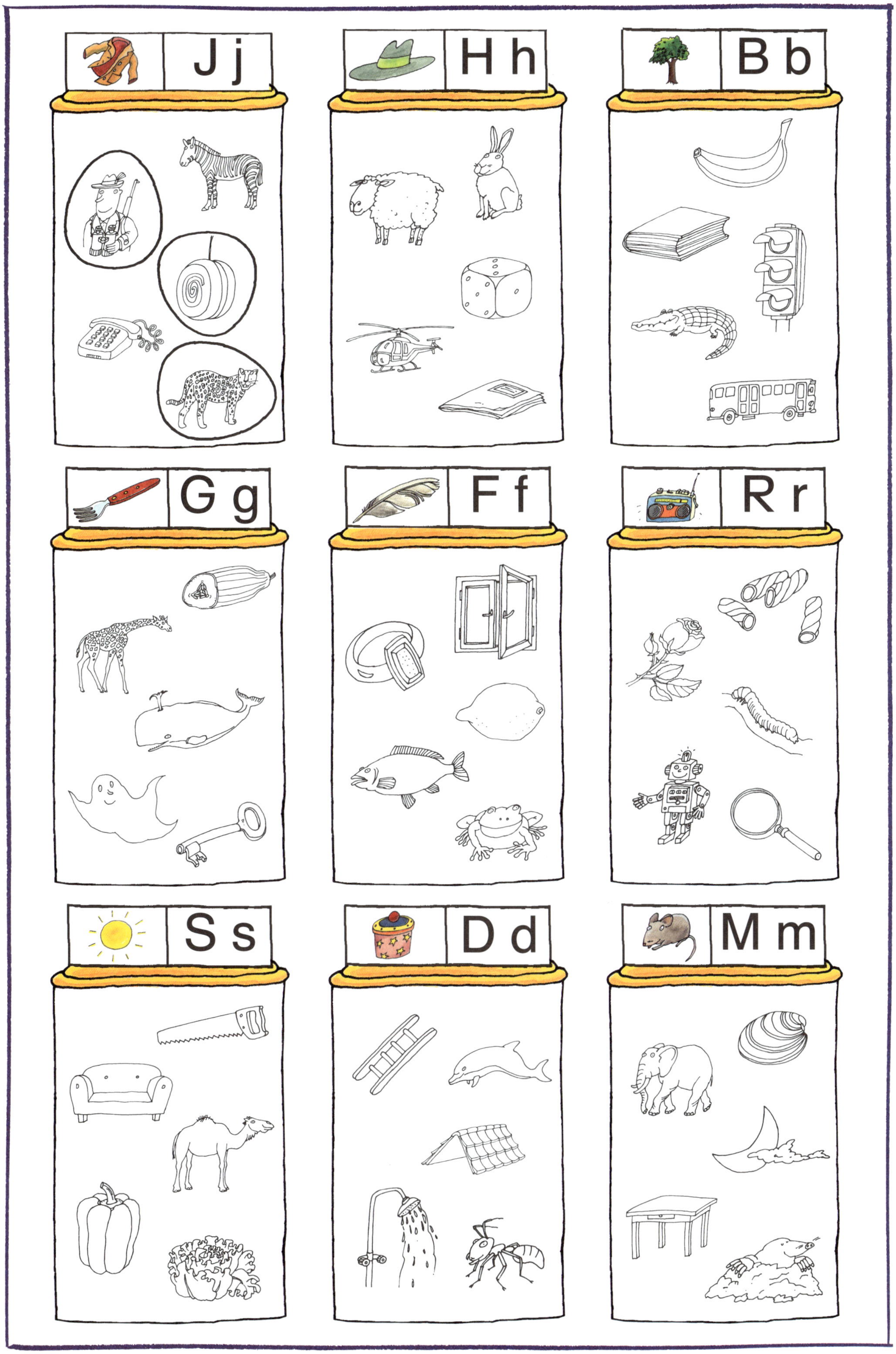

Der gelbe Turm: Wörter, die am Anfang genauso klingen wie das Tabellenwort, einkreisen.

Male die Bilder aus!

Einzelbilder so anmalen wie im Bild oben.

Eu eu

Ei ei

Au au

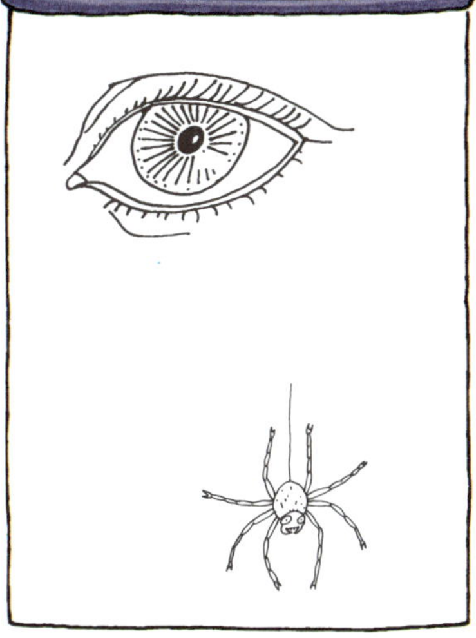

U u

O o

I i

E e

A a

Der blaue Turm: Wörter, die am Anfang genauso klingen wie das Tabellenwort, einkreisen.

Male die Bilder aus!

Bilder von unten im Wimmelbild suchen. Einzelbilder so anmalen wie im Bild oben angegeben.

Der rote Turm: Wörter, die am Anfang genauso klingen wie das Tabellenwort, einkreisen.

Oben: Bilder mit demselben Anlaut wie das Tabellenbild farblich entsprechend kennzeichnen.
Unten: Anlautbuchstaben schreiben, Silbenbogen eintragen.

Oben: Bilder mit demselben Anlaut wie das Tabellenbild farblich entsprechend kennzeichnen.
Unten: Anlautbuchstaben schreiben, Silbenbogen eintragen.

Oben: Bilder mit demselben Anlaut wie das Tabellenbild farblich entsprechend kennzeichnen.
Unten: Anlautbuchstaben schreiben, Silbenbogen eintragen.

Oben: Bilder mit demselben Anlaut wie das Tabellenbild farblich entsprechend kennzeichnen.
Unten: Anlautbuchstaben schreiben, Silbenbogen eintragen.

Oben: Bilder mit demselben Anlaut wie das Tabellenbild farblich entsprechend kennzeichnen.
Unten: Anlautbuchstaben schreiben, Silbenbogen eintragen.

Oben: Bilder mit demselben Anlaut wie das Tabellenbild farblich entsprechend kennzeichnen.
Unten: Anlautbuchstaben schreiben, Silbenbogen eintragen.

Oben: Bilder mit demselben Anlaut wie das Tabellenbild farblich entsprechend kennzeichnen.
Unten: Anlautbuchstaben schreiben, Silbenbogen eintragen.

Oben: Bilder mit demselben Anlaut wie das Tabellenbild farblich entsprechend kennzeichnen.
Unten: Anlautbuchstaben schreiben, Silbenbogen eintragen.

Angefangene grafische Muster fortsetzen, z. B. Locken beim Schaf, Steine auf dem Weg … Eigene Motive dazumalen.

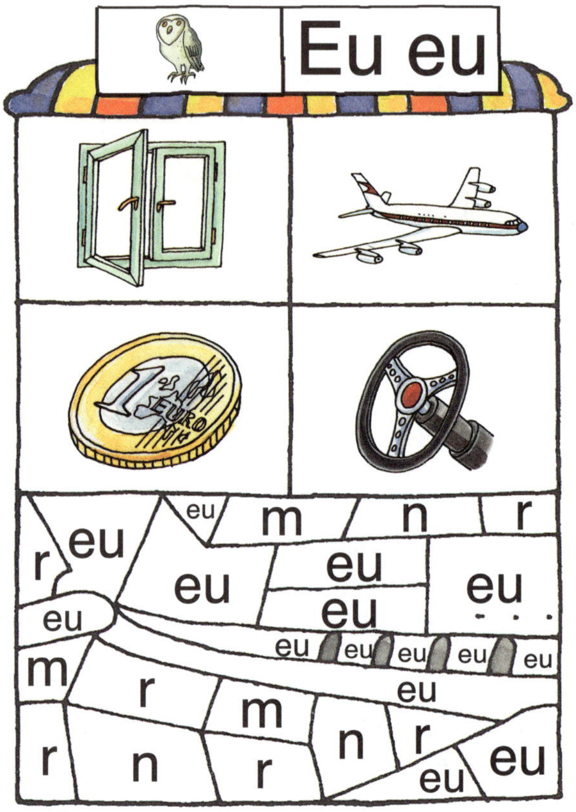

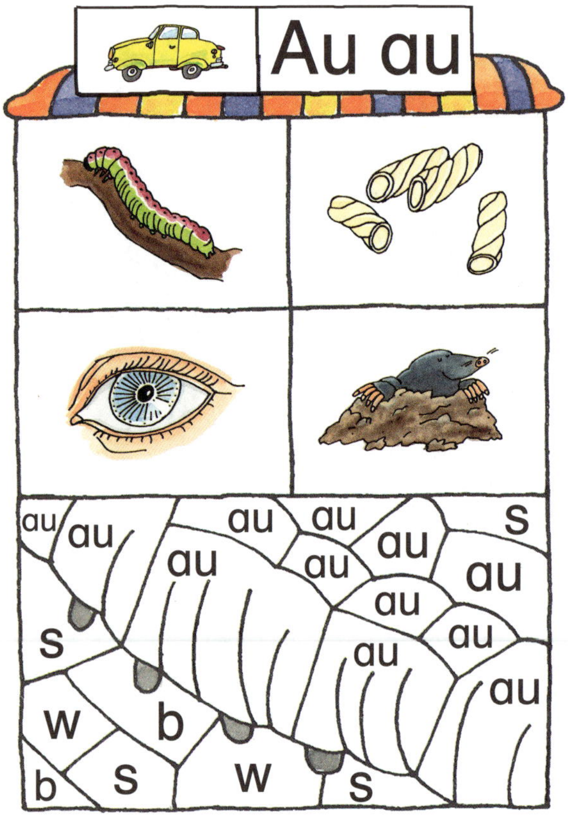

Abbildungen einkreisen, bei denen der Anlaut des Tabellenwortes im An-, In- oder Auslaut vorkommt. Alle Felder ausmalen, in denen der jeweils vorgegebene Buchstabe zu sehen ist.

Ö ö

Ä ä

U u

O o

Abbildungen einkreisen, bei denen der Anlaut des Tabellenwortes im An-, In- oder Auslaut vorkommt. Alle Felder ausmalen, in denen der jeweils vorgegebene Buchstabe zu sehen ist.

Abbildungen einkreisen, bei denen der Anlaut des Tabellenwortes im An-, In- oder Auslaut vorkommt. Alle Felder ausmalen, in denen der jeweils vorgegebene Buchstabe zu sehen ist.

Abbildungen einkreisen, bei denen der Anlaut des Tabellenwortes im An-, In- oder Auslaut vorkommt. Felder mit jeweils den Buchstaben des Anlautbildes der Tabelle anmalen.

Abbildungen einkreisen, bei denen der Anlaut des Tabellenwortes im An-, In- oder Auslaut vorkommt. Felder mit jeweils den Buchstaben des Anlautbildes der Tabelle anmalen.

Abbildungen einkreisen, bei denen der Anlaut des Tabellenwortes im An-, In- oder Auslaut vorkommt. Felder mit jeweils den Buchstaben des Anlautbildes der Tabelle anmalen.

Kleinbuchstaben ergänzen.

Kleinbuchstaben ergänzen.

Unsere Klassenwörter

Platz für die ersten Wörter, die gemeinsam lautiert werden.

Wörter, die ich allein schreiben kann

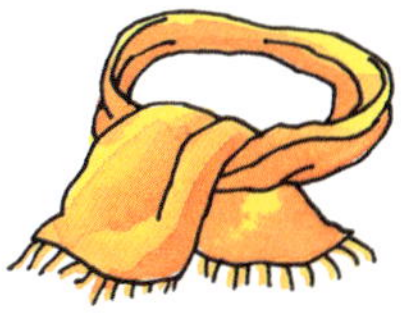

Wörter zu den Abbildungen mit Hilfe der Anlauttablle schreiben.

Diese Tiere mag ich am liebsten

Oben: Reimpaare verbinden.
Unten: Lieblingstiere aufschreiben oder malen.

Das esse ich am liebsten

Oben: Reimpaare verbinden.
Unten: Lieblingsessen aufschreiben oder malen.

Diese Farben mag ich am liebsten

Oben: Reimpaare verbinden.
Unten: Lieblingsfarben aufschreiben oder malen.

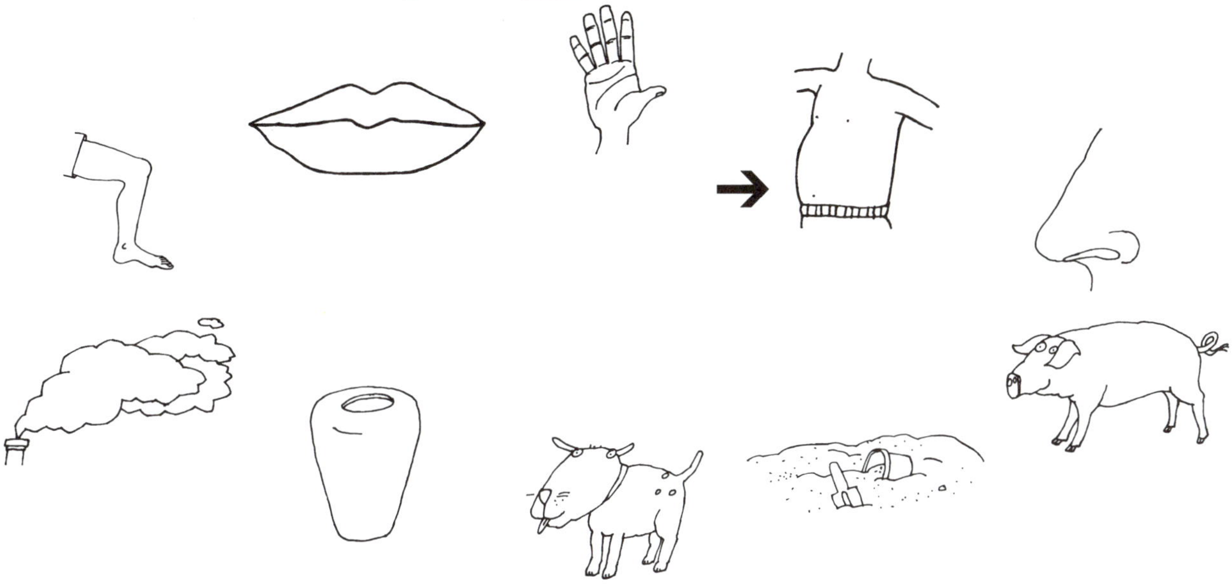

Das mache ich am liebsten

Oben: Reimpaare verbinden.
Unten: Lieblingsbeschäftigungen aufschreiben oder malen.

Auf dem Spielplatz

Was ist im Bild?
Kreuze an!

- Ball ☐
- Tor ☐
- Seil ☐
- Salat ☐
- Kinder ☐
- Schaukel ☐
- Eimer ☐
- Bank ☐
- Rutsche ☐
- Rakete ☐
- Schildkröte ☐
- Schaufel ☐
- Sandkasten ☐

Welches Tier ist auf dem Bild?

____

Im Haus

Was ist im Bild?
Kreuze an!

- Sofa ☐
- Tisch ☐
- Radio ☐
- Auto ☐
- Lampe ☐
- Dusche ☐
- Kerze ☐
- Uhr ☐
- Schrank ☐
- Muschel ☐
- Fenster ☐
- Bild ☐
- Leiter ☐

Eine Maus ist auf dem Dachboden. Wo ist die zweite Maus?

____

Im Zoo

Was ist im Bild?
Kreuze an!

- Wal ☐
- Löwe ☐
- Maus ☐
- Kamel ☐
- Dino ☐
- Schaf ☐
- Hund ☐
- Zebra ☐
- Hase ☐
- Elefant ☐
- Papagei ☐
- Krokodil ☐
- Ameise ☐

Welche Tiere sind in einer Höhle?

____

Im Wald

Was ist im Bild?
Kreuze an!

- Hase ☐
- Igel ☐
- Wurm ☐
- Haus ☐
- Raupe ☐
- Baum ☐
- Schnecke ☐
- Nudel ☐
- Ameise ☐
- Käfer ☐
- Frosch ☐
- Pilz ☐
- Schraube ☐

Was macht die Schnecke?

____

Schatzsuche

Was ist im Bild?
Kreuze an!

- Pirat ☐
- Papagei ☐
- Buch ☐
- Fisch ☐
- Segelboot ☐
- Ananas ☐
- Palme ☐
- Muschel ☐
- Schlange ☐
- Indianer ☐
- Anker ☐
- Schatztruhe ☐

Welche Farben hat der Papagei?

___

In der Nacht

Was ist im Bild?
Kreuze an!

- Mond ☐
- Eule ☐
- Schere ☐
- Baum ☐
- Katze ☐
- Laterne ☐
- Stern ☐
- Pinsel ☐
- Flugzeug ☐
- Schokolade ☐
- Taschenlampe ☐
- Fernrohr ☐
- Fledermaus ☐

Wie viele Sterne sind am Himmel?

____

Das Hemd hat rote und
schwarze Streifen.
Das Kopftuch ist rot.

Eine Feder ist gelb.
Eine Feder ist rot.
Eine Feder ist blau.

Auf den Haaren ist
eine Krone.
Die Perlen sind rosa.

Die Haare sind rot.
Das Hemd ist gelb und
hat blaue Punkte.

Lese-Mal-Bilder: Bilder nach Text ergänzen bzw. anmalen.

Im Wasser schwimmen
drei Schiffe.
Am Ufer steht eine Ente.

Der Baum hat bunte Blätter.
Unter dem Baum gibt es
fünf Pilze.

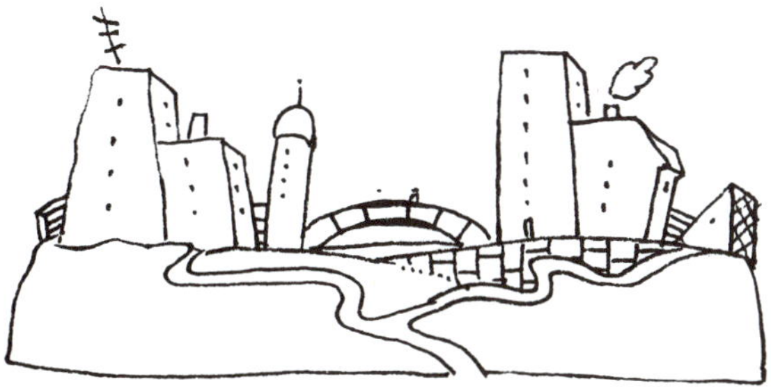

Der Mond scheint.
Es gibt viele Sterne.
Es ist Nacht.

Sein Hut ist schwarz.
Der Schal ist rot.
Auf dem Hut sitzt ein Vogel.

Lese-Mal-Bilder: Bilder nach Text ergänzen bzw. anmalen.

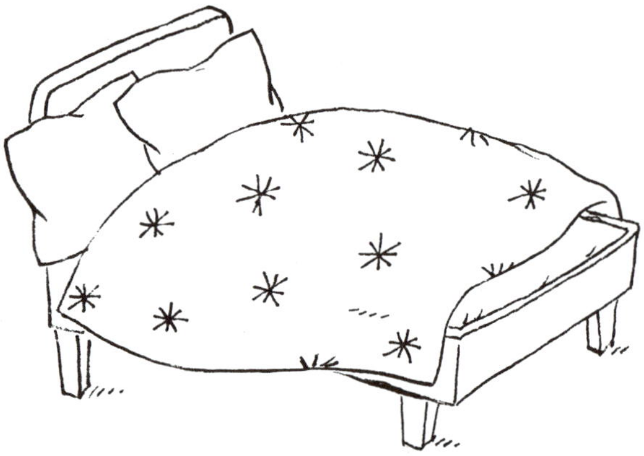

Auf dem Bett liegen zwei Kissen. Ein Kissen ist rot und ein Kissen ist blau.

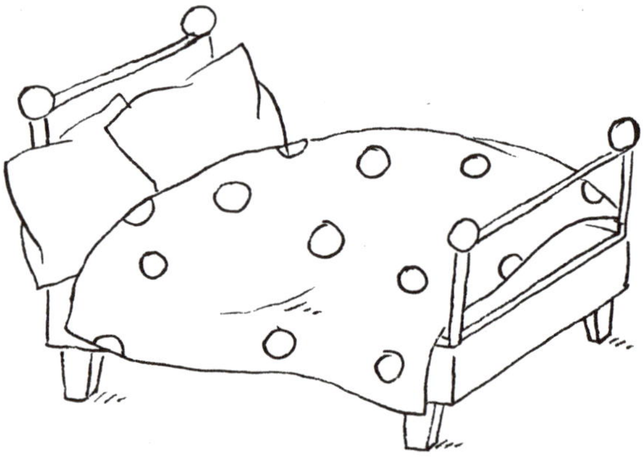

Unter dem Bett liegt ein bunter Ball.

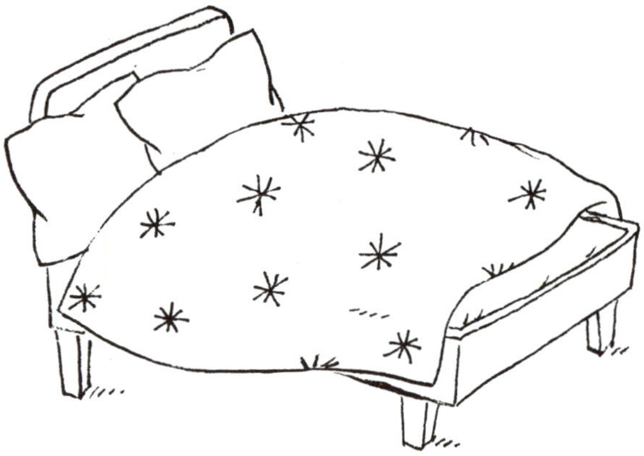

Über dem Bett ist ein Bild. Auf dem Bild ist ein Baum.

Vor dem Bett steht ein Tisch. Auf dem Tisch steht eine Uhr.

Lese-Mal-Bilder: Bilder nach Text ergänzen bzw. anmalen.

Lernpass

Foto

Name: ______________________

Adresse: ______________________

____

____

Ich kann Wörter
in Silben klatschen. ☐

→ nach Seite 21

____
Datum, Name

____
Datum, Name

Ich kann hören,
ob sich Wörter reimen. ☐

→ nach Seite 37

____
Datum, Name

____
Datum, Name

Ich kenne die Wörter
auf der Anlauttabelle. ☐

→ nach Seite 13

____
Datum, Name

____
Datum, Name

Ich kann hören, welche Wörter
am Anfang gleich klingen. ☐

→ nach Seite 21

____
Datum, Name

____
Datum, Name

Wenn die Seiten bis zu der angegebenen Seitenzahl bearbeitet wurden, vom Kind ankreuzen lassen, ob der Satz stimmt. Lehrer, Eltern und/oder Lernpartner bestätigen durch Unterschrift die Aussage.

Ich kann einen Laut hören, auch wenn er im Wort klingt.

→ nach Seite 29

Datum, Name

Datum, Name

Ich kann Buchstaben schreiben.

→ nach Seite 31

Datum, Name

Datum, Name

Ich kann eigene Wörter schreiben.

→ nach Seite 43

Datum, Name

Datum, Name

Ich kann Wörter lesen und verstehen.

→ nach Seite 43

Datum, Name

Datum, Name

Ich kann Sätze lesen und verstehen.

→ nach Seite 46

Datum, Name

Datum, Name

Wenn die Seiten bis zu der angegebenen Seitenzahl bearbeitet wurden, vom Kind ankreuzen lassen, ob der Satz stimmt. Lehrer, Eltern und/oder Lernpartner bestätigen durch Unterschrift die Aussage.